写真で見る

オリンピック大百科 6

舛本 直文 監修

2014年冬季ソチ〜2016年リオデジャネイロ

日本の
オリンピック
パラリンピック
メダリスト
全掲載

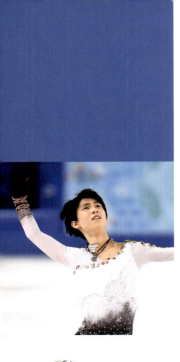

はじめに

　オリンピックは、夏・冬それぞれ4年に一度、世界中の人びとが集まってきそいあう、世界最大のスポーツの平和の祭典です。

　このオリンピックは、フランスの教育家ピエール・ド・クーベルタン男爵が提唱し、1896年にアテネで第1回大会が開催されました。戦争のために中止になるなど、さまざまな難問に直面しながらオリンピックは120年も続き、多くの人たちに夢をあたえています。

　日本がオリンピックに初めて参加したのは1912年のストックホルム大会で、参加選手はわずか2人でした。しかし、2016年におこなわれたリオデジャネイロ大会では、41個ものメダルを獲得するほどになったのです。

　また、ドイツ出身の医師ルートヴィッヒ・グットマン卿が1948年にはじめた障がい者のアーチェリー大会が原点となり、パラリンピックの第1回大会が1960年にローマでおこなわれました。日本は1964年東京大会から参加しています。

　このシリーズではオリンピックの基礎知識をはじめ、1896年の第1回アテネ大会から最新の大会まで、すべての大会について日本選手の活躍を中心に紹介しています。

　この第6巻では、2014年の冬季ソチ大会と2016年のリオデジャネイロ大会のオリンピックとパラリンピックをとりあげ、日本のメダリスト全員を写真つきでのせています。みなさんもよく知っている選手がたくさん登場します。

　2020年東京大会の新競技も紹介します。オリンピック・パラリンピックの感動を思いだしながら、知識を身につけていきましょう。

首都大学東京 オープンユニバーシティ 特任教授　舛本直文

写真で見る オリンピック大百科 第6巻 2014年冬季ソチ〜2016年リオデジャネイロ

もくじ

- はじめに ……………………………………………… 2
- この本の見方 ………………………………………… 3
- 第22回冬季オリンピック　2014年 ソチ大会 ……… 4
- 第11回冬季パラリンピック　2014年 ソチ大会 …… 14
- ●平昌オリンピックの新種目／平昌パラリンピックの新種目 …… 17
- 第31回オリンピック　2016年 リオデジャネイロ大会 …… 18
- ●復活したラグビーとゴルフ ……………………… 25
- 第15回パラリンピック　2016年 リオデジャネイロ大会 … 34
- **2020年東京オリンピック・パラリンピックがやってくる！** … 40
  - 2020年東京オリンピックの新競技 ……………… 41
  - 2020年東京パラリンピックの新競技 …………… 44
- ●2020年東京大会エンブレム ……………………… 45
- さくいん …………………………………………… 46

この本の見方

知ってる？ オリンピック・パラリンピックについて知っておきたいことを解説します。

世界のスーパースター 活躍した外国選手を紹介します。

日本のメダリスト その大会で誕生した日本のメダリスト全員を紹介します。

パラリンピックのルールやクラス分け

・競技によって参加する選手の障がいがちがう。
　→柔道、ゴールボールは視覚障がいの選手、車いすバスケットボールや車いすテニスは足に障がいのある選手、など。
・クラス分けをおこなっている。
　→競技ごとに障がいの種類、部位、程度などによってクラス分けがおこなわれ、種目がきめられている。同じ障がいの種類であれば、種目名につく数字が小さいほど程度が重い。
　このほかにも、さまざまな障がいの選手が出場できるように障がいの程度がことなる選手がチームを組む「ポイント制度」もあり、同じレベルで競技ができるよう、多くの工夫がなされている。

○第22回冬季オリンピック 2014年
ソチ大会

ロシア

🥇 金 1
🥈 銀 4
🥉 銅 3

開催期間：2014年2月7日〜23日　　参加選手数：2,780人　　実施競技数：7
参加国（地域）数：88　　　　　　　日本の参加選手数：113人　　実施種目数：98

　ロシアで初めて開かれた冬季大会。ソチは黒海沿岸のリゾート地で、ロシアのなかでは気候が温暖な場所である。新しく12種目が正式種目に加わり、冬季オリンピックとしては初めて開会式の前から競技がおこなわれるもりだくさんな大会となった。ロシアとの政治・思想的対立からアメリカ、イギリス、フランス、ドイツなどの国家首脳が開会式を欠席。開会式でIOC（国際オリンピック委員会）のトーマス・バッハ会長が世界へ「オリンピックの友好や平和のメッセージを尊重しよう」とよびかけた。大会のテーマは"Hot. Cool. Yours."（ホットで、クールな、みんなの大会）だった。

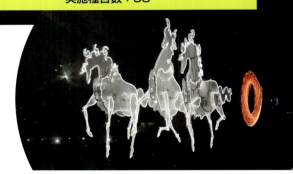

開会式に登場した3頭だての馬車トロイカと太陽。

2014年ってどんな時代？

日本
- 高さ300mの日本一高いビル「あべのハルカス」（大阪市阿倍野区）が全面開業（写真）。
- 消費税が5％から8％になる。
- 国立霞ヶ丘陸上競技場（国立競技場）が閉場。

世界
- FIFAワールドカップ・ブラジル大会開催。ドイツが優勝。日本はグループリーグで敗退。

日本から世界の大スターが誕生

　19歳69日という史上2番目の若さで、羽生結弦がフィギュアスケート男子シングルの金メダルに輝いた。ショートプログラムで史上最高得点となる101.45点をたたきだし、フリーでは転倒やミスがあったものの、高い集中力をきらさず演じきって栄冠を手にした。やさしげな容姿と圧倒的な強さをあわせもったスターの誕生に、世界中で羽生フィーバーが巻きおこった。若くして王者となった羽生の、さらなる高みをめざす戦いのはじまりであった。

日本のフィギュアスケート男子では初めての金メダルだった羽生。

2014年 ソチオリンピック

ショートのミスを、フリーでばん回して入賞した町田。

鈴木はオリンピック2大会連続入賞をはたした。

浅田のフリーの演技が世界中を感動させた。

緊張のためか、ミスが多かった村上。

好調とはいえない状態だったが華麗な技に挑んだ髙橋。

男女シングル、それぞれの輝き

　羽生と並び優勝候補筆頭といわれた女子シングルの浅田真央は、ショートプログラムで転倒やミスを連発して初日16位にしずんだが、無心でのぞんだフリースケーティングで一気に順位を上げて6位。フリーで見せたすばらしい演技は、世界の人びとの心に強く刻まれるものだった。
　男子シングルの町田樹もショートプログラムで11位と出おくれたが、フリーの演技で巻きかえして5位入賞をもぎとった。
　前回大会の銅メダリスト、髙橋大輔は3度目となるこの大会に、右ひざに不安をかかえた状態でのぞんだが、最後まで4回転ジャンプに挑戦して6位入賞。自分のスタイルを貫きとおす姿が感動をよんだ。
　女子シングルの鈴木明子も前回大会と同じ8位入賞で、オリンピック人生をしめくくった。村上佳菜子は12位だった。

表彰台でも大ジャンプする葛西。

葛西の大ジャンプ。
1位とわずかな差で2位だった。

なぜか髙梨のときには風が味方してくれなかった。

"レジェンド"が手にした 22年ぶりの銀メダル

　19歳で出場した1992年アルベールビル大会から長年にわたって世界の第一線で活躍をしつづけ、"レジェンド"とよばれていた葛西紀明が、7大会目の出場となったこの大会のラージヒルでついに個人種目のメダルをつかんだ。1994年リレハンメル大会ではあと一歩のところで団体の金メダルを逃し、1998年長野大会では団体メンバーから外れ金メダルを獲得できなかったくやしさが、長年飛びつづけてきた彼の原動力。41歳で手にしたメダルの色は着地姿勢で減点され銀色だったが、1回目139.0m、2回目133.5mの飛距離はナンバーワンだった。

　女子ジャンプで金メダルを確実視されていた17歳の髙梨沙羅は、初めてのオリンピックに実力を発揮しきれず、メダルに一歩届かない4位。次の大会へと夢をたくした。

知ってる？ 開会式でハプニング！

開会式

　開会式もなかば、スタジアムのフィールド上空に、5つの巨大な雪の結晶が現れた。人びとが息をのんで見守るなか、5つの結晶はきらきらと光りながら輪に形を変え、オリンピックのシンボルである五輪に！……とはならなかった。結晶のひとつが機械の故障で開かず、できたのは「四輪」。だが、閉会式で"やりなおし"のパフォーマンスがおこなわれ、観客はやっと「五輪」を見ることができ、歓声がわきおこった。

閉会式

このあと5つ目の輪が開いた。

2014年　ソチオリンピック

チームに勢いをつける1番手の役割を立派にはたした清水。

ひざの痛みにたえて130mをこえるジャンプをみせた伊東。

難病と戦いながら挑戦した竹内。

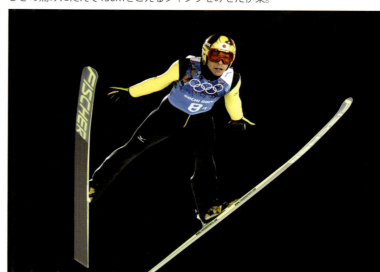

みんなでメダルをとりたいといっていた葛西。

スキージャンプ男子団体、16年ぶりのメダル獲得

涙を流してよろこんだあと、さわやかな笑顔をみせる4人。

団体戦では清水礼留飛、竹内択、伊東大貴、葛西紀明の順で合計8回のジャンプをおこない、総合得点で4位以下を大きく引きはなして銅メダルを獲得した。1998年長野大会以来、16年ぶりとなる団体でのメダルだ。それまで世界5～6位に甘んじることが多かった日本チームが表彰台にたどりつくことができたのは、各選手が病気やケガと戦いながらも、ここ一番の力を発揮した「チーム力」のたまもの。個人の銀メダルではくやしさをにじませた葛西も、はるか年下の20代の仲間とともに勝ちとった銅メダルにはよろこびの涙を流した。

平野は中学3年生にして世界の2位。

2人はいっしょに練習することが多い。

1回目のミスを2回目でカバーした平岡。

ライバルで友だちの少年2人が表彰台へ

　15歳の平野歩夢と18歳の平岡卓が、スノーボードハーフパイプで日本人では史上初のスノボ競技メダリストとなった。2人は日本一の座をあらそうライバルであり、長年ともに練習をする友人でもある。2人の予選突破時の順位は、同点2位。決勝1回目で転倒し、勝負をかけた2回目で高難度の技を成功させ、銅メダルをもぎとったのは平岡。決勝1回目でトップに立ち、2回目の平岡の高得点に刺激を受けて、大技「ダブルコーク1080」をみごとに飛んで銀メダルを獲得したのは平野。15歳でのメダルは、日本選手としては冬季大会史上最年少だ。アメリカ勢が圧倒的な強さをほこるこの競技で、とても若い日本人選手たちが表彰台の2枠をしめたことに、世界がおどろいた。

2014年　ソチオリンピック

高難度の大技に成功！

2012-2013年シーズンのスノーボードのワールドカップのスロープスタイルで日本人初の総合優勝をとげ、金メダルを有力視されていた17歳の角野友基。世界でも数人しかできない大技「バックサイドトリプルコーク1440」を成功させたが、難コースにてこずり8位におわった。

女子の岡田も5位入賞

女子ではオリンピック出場2回目の岡田良菜が、スノーボードハーフパイプで日本女子として過去最高の5位に入賞。その後、現役引退を発表した。

高いエアがもち味だった岡田。

巨大なロシア人形マトリョーシカの上を飛ぶ角野。

4大会目の出場で銀メダル！

スノーボードパラレル大回転で、オリンピック4大会目の挑戦となる竹内智香が銀メダルの栄誉をつかんだ。竹内はほかの世界大会では優勝あらそいにくいむことが多かったが、オリンピックでは実力を発揮しきれていなかった。しかしスイスで修業をつんで日本にもどり、さらに強くなってのぞんだソチ大会ではちがった。攻めに攻めて予選1位のタイムをたたきだすと、決勝でもそのままの勢いを発揮。スイスの練習仲間だったクンマー（スイス）にわずかにおよばなかったが、立派に結果をのこした。

決勝でも1本目はリードしていた竹内。

ノルディック複合で20年ぶりのメダル

3大会目の出場となった渡部暁斗が、ノーマルヒル個人で銀メダルを獲得。かつて「日本のお家芸」とよばれたこの競技だったが、クロスカントリーよりもジャンプが得意な日本選手には不利になるルール改正によって、日本は長いあいだメダルから遠ざかっていた。だが、クロスカントリーにも強い選手の育成に力をそそいだ結果、成長したのが渡部だった。金メダルには届かなかったが、20年分の日本の努力が実を結んだ銀メダルだった。

渡部暁斗、弟の渡部善斗、永井秀昭、湊祐介の4人でのぞんだ団体戦の結果は5位入賞だった。

渡部暁斗は1位とわずか4秒あまりの差での2位だった。

第1走者の永井（左）から第2走者の湊へタッチ。

第3走者の渡部善斗（右）からアンカーの兄へ引きついだ。

知ってる？ ライバル関係をこえた、助けあいの名シーン

クロスカントリー男子スプリント種目で、ロシアのアントン・ガファロフが転倒してスキー板が折れてしまった。くじけず前へ進もうとするガファロフだったが、折れた板での競技はむずかしくふたたび転倒。そのとき選手にかけよって代わりの板を差しだしたのが、ライバル国カナダのコーチ、ジャスティン・ワズワースだった。代わりの板を履いたガファロフは無事に完走。フェアプレー精神にあふれたカナダのコーチの行動に世界から称賛が集まった。

2014年 ソチオリンピック

競技をはじめて2年半でメダル！

新種目、スキーフリースタイルのハーフパイプで、小野塚彩那が銅メダルに輝いた。もともとアルペンスキーの選手だったが、フリースタイルに転向してわずか2年半での快挙だった。武器は確かなスキー板さばきと高いエア。日本ではまだ競技人口の少ないスキーハーフパイプを広める、大きな第一歩となった。

高いエアと安定した演技で銅メダルを獲得した小野塚。

大記録と輝く笑顔をのこして

女子モーグルの上村愛子が、5大会目のオリンピックを前回大会と同じ4位でおえた。「オリンピックでメダル獲得」という上村の夢はわずかな差でかなわなかったが、どの大会でも最後の最後までメダルあらそいにくいこんだ上村の戦いは、人びとを夢中にさせた。1998年長野大会から5大会連続で入賞という日本人新記録と、輝きつづけた笑顔の記憶をのこして、上村はオリンピックの舞台を去った。

完全燃焼して笑顔をみせる上村。

チームワークで強豪を次つぎと撃破！

2大会ぶりに復帰したスキップ・小笠原歩とサードの船山弓枝を中心としたカーリング日本女子は、世界ランク上位のデンマークや地元ロシアに大差で勝利するも、その後3連敗。しかし、予選敗退のがけっぷちからみごとに立てなおし、メダル候補のスイスを破ると、それまで6年間勝てなかった中国にも勝利する快進撃をみせた。準決勝進出はならなかったが、選手たちには、あたたかい拍手が送られた。

急成長した吉田知那美が5位入賞に貢献した。

インフルエンザにかかるも、なおった直後の試合で活躍する小野寺佳歩（右）。左は船山。

チームをリードした小笠原。

空気抵抗の少ない低いフォームが小平の滑りの特長。

コーナーワークに定評がある加藤の滑り。

スピードスケート、日本勢は苦戦

　男子500mでは、バンクーバー大会の銀メダリスト長島圭一郎、銅メダリスト加藤条治がそろって金メダルをねらって出場したが、加藤は5位、長島は6位の結果におわった。
　女子500mでは小平奈緒が自己ベストを更新し、こちらはうれしい5位。田畑真紀、菊池彩花、髙木菜那、押切美沙紀で挑んだ女子チームパシュートは、4位と健闘した。

直線で力を発揮するタイプの長島。

女子チームパシュートの最終戦のメンバーは、髙木、押切、田畑の3人。

2014年 ソチオリンピック

チームワークで健闘も、強豪におよばず

ショートトラックの女子3000mリレーは前年の世界選手権で3位に入っていたこともあり、1998年長野大会以来のショートトラックでのメダルを期待されたが、準決勝で敗れたのち地元ロシアとの接戦に負けて5位。個人では、男子500mの坂下里士、女子1500mの伊藤亜由子が準決勝に進出したのが最高成績だった。

伊藤の女子1500mの成績は18位。

スピードスケート種目を席巻！オランダ旋風

世界のスーパースター

この大会のスピードスケートでは、オランダ勢の強さが群を抜いていた。12種目、36個のメダルのうち、20人のオランダ選手が獲得したメダルはなんと23個。オランダが表彰台を独占したのは、加藤、長島が挑んだ男子500mをはじめ、男子5000m、男子10000m、女子1500mと4種目にもおよび、逆にオランダ選手がメダルを1つも獲得しなかった種目はゼロだった。

日本のメダリスト

 金 1個

フィギュアスケート男子シングル
羽生結弦

 銀 4個

 スキージャンプ男子ラージヒル個人 葛西紀明

 スキーノルディック複合ノーマルヒル個人 渡部暁斗

 スキースノーボード男子ハーフパイプ 平野歩夢

 スキースノーボード女子パラレル大回転 竹内智香

 銅 3個

 スキージャンプ男子ラージヒル団体 清水礼留飛 竹内択 伊東大貴 葛西紀明

 スキーフリースタイル女子ハーフパイプ 小野塚彩那

 スキースノーボード男子ハーフパイプ 平岡卓

合計8個

○第11回冬季パラリンピック 2014年　ロシア

ソチ大会

金 3
銀 1
銅 2

開催期間：2014年3月7日〜16日
参加国（地域）数：45
参加選手数：547人
日本の参加選手数：20人
実施競技数：5
実施種目数：72

人文字でパラリンピックのシンボルがえがかれた。

　開会式では、ロシア国旗の色である白・青・赤やパラリンピック・シンボルの赤・青・緑の装束で身をつつんだパフォーマーたちによる一糸乱れぬ集団行動が喝采をよんだ。これは日本体育大学の清原伸彦氏の指導によるものだ。テレビ放映のおかげで日本では多くの人びとがパラリンピックの競技を目の当たりにし、競技のスリル、選手の技術の高さなど、オリンピックとは別の「すごさ」にみせられた。ロシアの政治的圧力に対抗して、ウクライナは開会式にたった1人の選手が入場。大きな拍手が送られた。

攻撃的な滑りで優勝した狩野。

ベテラン森井も健在。

アルペンスキー種目で日本選手がワン・ツーフィニッシュ！

　2006年トリノパラリンピックから3大会連続の出場となった狩野亮が、足に障がいをもつ選手がきそう男子スーパー大回転座位で金メダルを獲得した。この種目では前の大会でも金メダルを獲得していたため、2連覇の快挙達成となった。
　同じ種目で、森井大輝も会心の滑りをみせて銀メダル。金・銀の表彰台を日本勢がしめた。森井は4大会連続出場で、トリノ大会では大回転で銀メダル、2010年バンクーバー大会では滑降で銀メダル、スーパー大回転で銅メダルを獲得している。

2014年　ソチパラリンピック

滑降で日本人初の金メダル！

狩野亮がアルペンスキーの男子滑降座位で日本人初となる金メダルに輝いた。リスクをかけて攻めるのが狩野のスタイルだが、転倒者が続出する難コースにみごとに対応した。狩野は小学校3年生のときに自動車事故で、下半身不随になってしまったが、中学1年生で障がい者スキーをはじめるとめきめきと上達。前回大会では同種目で銅メダルを獲得していた。

ソチ大会日本選手団の第1号金メダルとなった狩野。

鈴木にとって今大会2個目のメダルは金メダル。

悲願のメダル獲得で有終の美をかざった久保。

バイアスロンで銅メダル

クロスカントリーと射撃を組みあわせたバイアスロン。3種目のなかでもっとも短いショート座位で、足に障がいのある久保恒造が銅メダルを獲得した。久保は高校3年生のときに交通事故によって下半身不随となる。その後、夏は車いすマラソン、冬はクロスカントリースキーとバイアスロンで活躍した。2016年リオデジャネイロ夏季パラリンピックには陸上競技の車いすマラソンと5000mで出場をはたしている。

事故から17年後の金メダル

トリノ大会より3大会連続出場の鈴木猛史が、足に障がいのある選手が出場するアルペンスキー男子回転座位で金メダルを獲得した。天候が悪く多くの選手が苦しむコースで1本目は少し弱気になったが、2本目はポールをなぎたおしながらの攻めの滑走。みごと金メダルをつかんだ。くしくも17年前、交通事故で両もも下を切断することになった日と同じ日だった。鈴木は、滑降でも銅メダルを獲得し、狩野とともに表彰台に上がっている。

15

腕に障がいのある新田。過酷なレースで入賞した。

バイアスロンの射撃は、はらばいで撃つ「伏射」。太田は日本選手団の旗手もつとめた。

男女混合のミックスリレーではアンカーをつとめた出来島。

ベテラン勢、ノルディック競技で活躍

1998年長野大会からパラリンピックに5回連続出場し、金メダル2個、銅メダル1個を獲得している新田佳浩が、クロスカントリースキー20kmクラシカル立位に出場。こん身の滑りをみせ、4位に入賞した。

女子のクロスカントリースキーでは、パラリンピック3度目の出場となる出来島桃子が5kmフリー立位に出場し6位入賞。同じくパラリンピック3度目の太田渉子はバイアスロンのショートで6位に入賞した。

日本のメダリスト

金 3個

アルペンスキー男子滑降座位（LW11）
狩野 亮

アルペンスキー男子スーパー大回転座位（LW11）
狩野 亮

アルペンスキー男子回転座位（LW12-2）
鈴木猛史

銀 1個

アルペンスキー男子スーパー大回転座位（LW11）
森井大輝

銅 2個

アルペンスキー男子滑降座位（LW12-2）
鈴木猛史

バイアスロン男子ショート座位（LW11）
久保恒造

合計6個

2014年　ソチパラリンピック

平昌オリンピックの新種目

2018年の平昌大会では、種目数が、ソチ大会の98から102に増加し、冬季大会で初めて100を超える。「男女混合種目を増やす」という国際オリンピック委員会の方針にそった内容だ。

スホラン

アルペンスキー混合団体
男女混合でチームとなり、1対1で戦う複数の種目をおこなって総合得点で順位をきそう。

スノーボードビッグエア（男子・女子）
スノーボードでスキージャンプのような急斜面を滑りおり、踏み切り台から空中に飛びだしてエアをおこなう（左の写真）。

スピードスケートマススタート（男子・女子）
選手がいっせいにスタートし、400mのコースを16周して順位をきそう（右の写真）。

カーリング混合ダブルス
男女2人1組で戦うカーリング種目。

平昌パラリンピックの新種目

ソチ大会で72だった種目数は80に増加する。ソチ大会でアルペンスキー競技の1種目であったスノーボードが1つの競技として独立し、合計6競技になる。そのスノーボードにはバンクドスラロームが追加される。

スノーボードバンクドスラローム
いくつもの旗のついたポールを回りこみながら滑りおりる。1人ずつ滑ってタイムをきそう。

バンダビ

マスコットは白いトラとツキノワグマ！

平昌オリンピック・パラリンピックのマスコットは、白いトラの「スホラン」とツキノワグマの「バンダビ」。「スホラン」は平昌の民謡「アリラン」、トラの韓国語「ホランイ」などから、「バンダビ」はツキノワグマの韓国語「バンダルカスムコム」などから名づけられた。

17

● 第31回オリンピック **2016年**　ブラジル

リオデジャネイロ大会

金 12
銀 8
銅 21

開催期間：2016年8月5日～21日　参加選手数：11,237人　実施競技数：28
参加国（地域）数：207　日本の参加選手数：338人　実施種目数：306

南アメリカ大陸で初めて開催されたオリンピック。ドーピング問題でロシアの陸上競技選手が多数出場停止となる波乱があり、ブラジル経済や治安、衛生面の悪さなども心配されたが、はじまってみれば大きな事故もなく、大会は成功した。また史上初めて、国内紛争などで祖国をはなれ難民となったシリア、コンゴ民主共和国、エチオピア、南スーダンの選手たち10人による難民選手団が出場した。

らせん状のきらきらしたオブジェに囲まれた聖火。

男子400m個人メドレーの金メダルは日本選手初。

日本競泳界の新エース、誕生！

前回ロンドン大会の競泳で56年ぶりの男子高校生メダリストとして注目を浴びた萩野公介が、この大会では日本人選手として初めて男子400m個人メドレーの金メダルを獲得したほか、男子200m個人メドレーでも銀メダルの大活躍。大会前年に自転車で転んで骨折し、まわりを心配させたが、精神的にも技術的にもひとまわり成長した姿をみせてくれた。

2016年ってどんな時代？

日本
● 北海道新幹線（新青森駅～新函館北斗駅までの区間）開業。
● オバマ大統領が現職のアメリカ大統領として初めて広島市を訪問し、広島平和記念公園で献花をおこなった。
● 熊本県で震度7の地震が発生（平成28年熊本地震）。

世界
● 歌手のボブ・ディラン氏（アメリカ）がノーベル文学賞を受賞。

2016年　リオデジャネイロオリンピック

2位に1秒67の差をつけて優勝した金藤。

日本競泳陣、得意種目で結果出す

　金藤理恵が、27歳という年齢ながら大会直前に急成長をみせ、女子200m平泳ぎでバルセロナ大会の岩崎恭子以来6大会ぶりとなる金メダルに輝いた。

　男子200mバタフライでは、坂井聖人が銀メダルを獲得し、同種目の日本人選手連続メダル獲得記録をアテネ大会から4大会にのばした。萩野公介と同学年のライバルとして注目された瀬戸大也は、男子400m個人メドレーで銅メダルにくいこみ、日本の水泳競技では60年ぶりのダブル表彰台が実現した。

　女子200mバタフライでは、星奈津美が2大会連続となる銅メダルを獲得した。

オリンピック出場3回で銅メダル2個を獲得した星。

1位マイケル・フェルプスと坂井との差はわずか0秒04だった。

萩野とともに表彰台に立ち、日本の競泳ファンを元気づけた瀬戸。

自由形リレーで52年ぶりのメダル

男子4×200mリレーで、萩野公介、江原騎士、小堀勇氣、松田丈志の4人がアメリカ、イギリスにつぐ銅メダルという快挙を達成した。自由形は、個人で日本選手がなかなかメダルにたどりつけない種目だが、4大会目の出場となる松田を中心に一丸となって練習にはげみ、チームワークで快挙をものにした。

4人合計のタイムは7分3秒50。予選5位から順位を上げての銅メダル。

快挙達成！ 松田（右）を中心によろこびの輪ができる。

帰ってきた"鬼"コーチが導いた銅2つ

シンクロナイズドスイミングで日本がデュエット、チームともに銅メダルを獲得した。チームでのメダルはアテネ大会以来3大会ぶり。過酷な連続技にも一糸乱れぬ、日本ならではのみやびさとリズム感をあわせもった演技が、会場中の「ジャポン」コールと手拍子をよんだ。10年ぶりに日本代表に復帰した井村雅代コーチの1日12時間にもおよぶきびしい指導に、リーダーの乾友紀子をはじめ選手たちが必死にこたえてつかんだ2つのメダルだった。

乾友紀子、三井梨紗子のデュエット、フリーのテーマは「風神雷神」。

チーム演技のテーマは「天照大神」。

2016年　リオデジャネイロオリンピック

3走の桐生からアンカー、ケンブリッジにバトンがわたる。

男子リレー、おどろきと よろこびの銀メダル

陸上男子4×100mリレーで、日本チームが37秒60のアジア新記録をマークして銀メダルに輝いた。山縣亮太、飯塚翔太、桐生祥秀がつないだバトンを受けとり加速するケンブリッジ飛鳥の真横では、ほぼ同時にバトンを受けた世界のスター、ウサイン・ボルト（ジャマイカ）がおどろきの目を彼に向けていた。レースはそのまま、ジャマイカ、日本の順でフィニッシュ。4人が最高の走りと信頼のバトンパスで、アメリカやカナダを実力で退けた瞬間だった。

順位が発表された瞬間、よろこぶ日本のメンバー。

日本競歩初のメダルは ハプニングのすえに

男子50km競歩で、荒井広宙がカナダの選手とのしれつなあらそいを制して3位でゴールした。しかし、カナダの選手と接触したことで反則が疑われ、レース後に荒井は失格に。メダル獲得は幻かと思われたが、失格が取りけされ、晴れて銅メダルを手にすることができた。

カナダのダンフィー（右）とのはげしい接戦を制した荒井。

ボルト、前人未到の3種目連覇！

ジャマイカのウサイン・ボルトが陸上競技男子100m、200m、4×100mリレーの3種目での連覇という偉業を達成した。ボルトはスポーツマンシップにあふれ、世界中から愛されるスター。人間力があって初めて偉大な選手になれるというよいお手本だ。

100m、200mでは北京大会から3連覇。

選手、監督、スタッフ全員でつかんだ栄冠。

体操ニッポン、
12年ぶりの世界王者に

27歳になった内村航平率いる日本チームが、前回大会で逃した金メダルをとるために大会にのりこんだ。だがまさかのミスを連発し、予選4位で決勝へ。決勝でもあん馬で落下が出るなど序盤は苦戦したが、跳馬で内村が「リ・シャオペン」を、19歳の白井健三が「シライ・キムヒフン」を完璧にきめて一気に順位を3つ上げる。その後平行棒、鉄棒、ゆかで全員が高得点をあげた日本は、最終的には2位のロシアに大きく差をつけて金メダルに輝いた。

種目別跳馬決勝では新技「伸身ユルチェンコ3回半ひねり」に成功した体操男子代表チーム最年少、19歳の白井。

内村の美しく雄大な鉄棒演技。

王者内村2連覇、
新エース白井もメダル

個人総合は、前回大会金メダルの内村とウクライナの新星、オレグ・ベルニャエフの一騎打ちとなった。団体で6種目すべてを戦い疲れがのこる内村は、23歳のベルニャエフに終盤まで得点で先行をゆるしたが、最終種目の鉄棒で大逆転。日本では加藤沢男以来となる連覇を達成した。

初めてのオリンピックながら団体優勝に大きく貢献した白井の種目別は、もっとも得意とするゆかで4位に甘んじたが、跳馬で銅メダルを獲得した。

2016年　リオデジャネイロオリンピック

体操女子団体も4位の快挙！

この大会では日本女子も、エース寺本明日香を中心とするチームがメキシコシティー大会以来48年ぶりに4位の成績をのこした。

体操女子日本代表。左から宮川紗江、杉原愛子、内山由綺、寺本明日香、村上茉愛。

ペアの深い絆が実現した日本初の金メダル

髙橋礼華、松友美佐紀ペアが、バドミントン女子ダブルスで日本初の金メダルに輝いた。最終ゲームの終盤で3点差をひっくりかえす、逆転勝利だった。後衛からの強烈なスマッシュがもち味の髙橋、冷静でこまかいショットのうまい前衛の松友。小学生時代に対戦相手として出会い、同じ高校、同じ会社でともに技をみがいたペアが、抜群のコンビネーションでピンチを打ちやぶった。

ダイナミックな髙橋のプレー。前衛では松友が次の攻撃にそなえる。

シングルスでも日本初のメダリスト誕生

奥原希望が、バドミントン女子シングルスで銅メダルを獲得した。予選リーグから圧勝をかさね、準々決勝では山口茜との日本人対決に逆転勝利。準決勝でインドの選手にストレート負けをきっし、3位決定戦に回ったが、対戦するはずだった中国選手の負傷棄権によって不戦勝で銅メダルをつかんだ。バドミントンシングルスでは日本初となるメダル獲得だ。

シングルスでは奥原のファイトが光った。

試練をのりこえ
2大会連続のメダル

　苦しい腰痛をのりこえ、2つ目のメダルをねらって4度目の大会に挑んだウエイトリフティングの三宅宏実。スナッチでは最初の2本を失敗して絶体絶命のピンチに立たされたが、3本目で81kgをあげることに成功した。続くクリーン&ジャークでは、成功したはずの試技で反則をとられる不運があったが、あきらめずに挑んだ最終試技で107kgに成功して銅メダルに輝いた。

試技に成功し、会心の笑みをみせる三宅。

錦織圭、96年ぶりに
テニスのメダル獲得

　世界ランク7位の錦織圭が、3大会目の出場で男子シングルスの銅メダルを獲得した。準々決勝で3時間にせまる死闘をくりひろげた翌日の準決勝では力尽きてアンディ・マリー（イギリス）に敗れたが、3位決定戦で世界5位のラファエル・ナダル（スペイン）に勝利。1920年アントワープ大会から96年ぶりとなるテニスのメダルを日本にもたらした。

抜群のスタミナを発揮し、暑さとの戦いにも打ちかった錦織。

日本カヌーの発展を
よびこむ銅メダル

　カヌースラロームの男子カナディアンシングルで、羽根田卓也が日本初メダルとなる銅メダルを獲得した。小学校3年生で競技をはじめた羽根田は、高校卒業後スロバキアにわたって10年間修業をつみ、オリンピックに挑戦。この銅メダルの獲得が、まだまだ練習環境の整っていない日本でカヌーが広まり発展するきっかけになってほしい、とうったえた。

日本を飛びだし、世界の荒波にもまれながらカヌーの腕をみがいた羽根田。

復活したラグビーとゴルフ

1900年大会、1908年大会、1920年大会、1924年大会に15人制で実施されたラグビーが、リオデジャネイロ大会で7人制ラグビーとして正式競技に復活した。

日本チームは2015年に15人制ラグビーのワールドカップで、強豪南アフリカに勝利して世界中をおどろかせた。このオリンピックの7人制でも、初戦で世界ランク3位のニュージーランドを相手に先制トライをきめると、逆転につぐ逆転の接戦を制して大金星。上位国のケニアにも勝利してメダルにあと一歩にせまった。おしくも4位におわったが、日本チームの戦いぶりは世界で注目の的となった。今大会が初の実施となった女子ラグビーでは、日本は1次リーグで敗退。だが、ケニア戦では24対0という大差でオリンピック初勝利をかざった。

イギリス戦で活躍した福岡堅樹。

ケニア戦で先制トライをきめた山口真理恵。

ゴルフは1904年セントルイス大会以来112年ぶりの復活。日本からは男女2人ずつが出場した。今大会での日本選手の最高順位は野村敏京の4位で、3位との差はわずか1打。おしくもメダルに届かなかった。

「次(東京オリンピック)も出たい」と語る野村。

圧巻の4連覇と涙の銀メダル

　レスリング女子フリースタイルには、正式種目となったアテネ大会からの4連覇を期待される選手が2人いた。ライバル選手たちがほかの階級に戦いの場を移すほどの強さをほこる58kg級の伊調馨と、世界一と評される高速タックルをもつ53kg級の吉田沙保里だ。伊調は大会直前に13年ぶりの敗戦や負傷に見舞われたが、決勝ではのこり5秒からの逆転劇で、最強の選手であることを証明した。オリンピック4連覇は、全競技を通じて日本選手初となる歴史的偉業だ。

試合終了直後から表彰式まで涙が止まらなかった吉田。

伊調と日の丸、4回目の光景。

　33歳になり体力のおとろえが指摘されていた吉田は、決勝で24歳の選手に敗れ、銀メダルの表彰台でくやし涙を流した。だが、これまで日本女子レスリングを引っぱってきた吉田の存在が、今大会でほかの階級の後輩たちを金メダルラッシュに導いたことはまちがいない。

2016年　リオデジャネイロオリンピック

登坂は、決勝の終盤の記憶がほとんどないという、極限状態での金メダル。

まったくすきをみせず、決勝で完封勝利をおさめた川井。

土性は、最重量級の69kg級で日本に初めての金メダルをもたらした。

日本レスリング新世代が金メダルを量産

　レスリング女子フリースタイル48kg級、63kg級、69kg級では、今大会が初出場となる若い選手たちが次つぎと金メダルを獲得して日本の強さをみせつけた。48kg級の登坂絵莉は、アゼルバイジャンの強豪を相手に無我夢中のタックルで終了まぎわの大逆転。63kg級の川井梨紗子は決勝で6-0の完全勝利をものにした。69kg級の土性沙羅はするどいタックルを武器に金メダルまでたどりついた。また男子でも、グレコローマン59kg級の太田忍と、フリースタイル57kg級の樋口黎が銀メダルを獲得した。太田22歳、樋口20歳と若い2人のメダル獲得は、4年後の東京大会での金メダルに期待をもたせた。

グレコローマンでシドニー大会以来16年ぶりの日本人メダリストとなった太田。

決勝では相手の反則が疑われるも、審判に採用されないという不運のあった樋口。

これぞ日本柔道！　胸のすくようなみごとな戦いぶりをみせた大野。

柔道男子に8年ぶりの金メダル2つ

　柔道男子で、73kg級の大野将平と90kg級のベイカー茉秋が、金メダルなしにおわった前回大会のリベンジをはたした。大野は、しっかりと相手と組んで豪快に投げる日本伝統の美しい柔道による圧倒的な強さが観客を魅了した。ベイカーは大野とは対照的に、足技を積極的に使い、冷静な試合運びで優勝をものにすると両手をつきあげてよろこびをあらわした。

　100kg超級では、「組む」柔道の原沢久喜が「組まない」相手に最後まで逃げられて銀メダル。60kg級では髙藤直寿が、66kg級では海老沼匡が、81kg級では永瀬貴規が、100kg級では羽賀龍之介が銅メダルをとり、1964年東京大会以来となる男子全階級での日本選手のメダル獲得が達成された。

勝利のよろこびを全身で表現するベイカー。

2大会連続銅メダルの海老沼。

最後まで勝負を挑みつづけた原沢。

3位決定戦で勝利した永瀬。

敗者復活戦から銅メダルをつかんだ羽賀。

確かな強さをみせた髙藤。

2016年　リオデジャネイロオリンピック

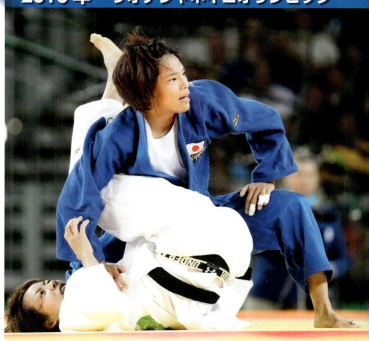

「野獣」のはげしさ健在！　松本は２大会連続メダル。

柔道女子は金１つ、銅４つ

　柔道女子では、70kg級の田知本遥が金メダルを獲得し、1996年アトランタ大会からの連続金メダル獲得記録をのばした。田知本は、今大会の女子代表では大きな世界大会でのメダル経験のないただ１人の選手。だが、粘り強さと得意の大外刈りで栄冠に輝いた。

　前回ロンドン大会では男女を通じてたった１人の金メダリストだった57kg級の松本薫。準決勝の開始24秒で一本負けし３位決定戦に回ったが、「野獣」とよばれる闘志で銅メダルをもぎとった。北京大会の銅メダリスト、中村美里も52kg級で８年ぶりの銅メダルを獲得。初出場の近藤亜美（48kg級）と山部佳苗（78kg超級）もそれぞれ銅メダルを獲得した。

苦しい試合でも勝利を重ねた田知本。

長いリハビリをのりこえて銅メダルをつかんだ中村。

３位決定戦延長戦突入の直前に背負い投げでポイントをとり、この大会日本人メダリスト１号となった近藤。

試合中にコンタクトレンズがずれるハプニングにもめげなかった山部。

長年、無敗記録をほこる中国から、団体のダブルスで1ゲームをもぎとった丹羽（左）、吉村（右）。

左から丹羽、吉村、水谷、倉嶋洋介監督。

卓球男子、悲願のメダル獲得！

　前回大会、日本卓球界初のメダルに輝いた日本女子のかげにかくれてくやしい思いをした日本男子が、ついに結果を出した。その原動力となったのは、3大会目の出場をはたした水谷隼。コートから距離をとった頭脳的なラリーがもち味だったが、そこに速攻技術を加えて挑んだ今大会ではシングルスで銅メダルを獲得。自信にあふれた発言が、うそではないことを証明した。

　若手の丹羽孝希、吉村真晴と水谷の3人で挑んだ男子団体では、自信を深めた水谷のプレーがさらにさえた。決勝では、これまで一度も勝ったことのなかった世界ランク3位の中国選手を撃破。丹羽、吉村もダブルスで健闘し、卓球界の絶対王者、中国をおびやかす試合で銀メダルを獲得した。

水谷は技術の確かさだけでなく気持ちの強さを前面に出しつづけ、チームを引っぱった。

2016年　リオデジャネイロオリンピック

団体戦の終盤、するどいショットを連発した伊藤（左）。伊藤をここまでのせたのが、福原（右）だ。

卓球女子団体、よろこびと涙の銅メダル

　福原愛、石川佳純、15歳の伊藤美誠で挑んだ卓球女子団体は、シンガポールとの3位決定戦に勝利して銅メダルを獲得した。4度目の出場となった福原は、自分が苦しい状況でも初出場の伊藤ら後輩をつねにはげまし、チームを支えた。伊藤は大会期間中に大きな成長をみせ、たのもしい戦力になった。石川は団体戦でのシングルス全試合に勝利し、エースのつとめをみごとにはたした。選手たちの執念とおたがいを思いあうチームワークが、日本女子に2大会連続となるメダルをもたらした。

シングルス初戦敗退のくやしさを団体戦にぶつけた石川。

 **知ってる？**

東京大会のパフォーマンスに登場したのはアベマリオ!?

　閉会式では、リオデジャネイロのエドゥアルド・パエス市長からIOCバッハ会長をへて小池百合子東京都知事へオリンピック旗が引きつがれた。続いて、東京をアピールするパフォーマンスがおこなわれた。椎名林檎さんプロデュースの音楽にのって、北島康介さんら有名アスリートはもちろん、ドラえもんやキャプテン翼など世界で愛される日本のキャラクターが次つぎと登場。最後にはスーパーマリオにふんした安倍晋三首相が競技場中央の土管からあらわれ、ユニークな演出に会場がわいた。

アベマリオ、登場！

日本のメダリスト

金 12個

競泳男子400m個人メドレー
萩野公介

競泳女子200m平泳ぎ
金藤理絵

体操男子個人総合
内村航平

体操男子団体
山室光史　内村航平　田中佑典　白井健三　加藤凌平

レスリング女子フリースタイル48kg級
登坂絵莉

レスリング女子フリースタイル58kg級
伊調　馨

レスリング女子フリースタイル63kg級
川井梨紗子

レスリング女子フリースタイル69kg級
土性沙羅

柔道男子73kg級
大野将平

柔道男子90kg級
ベイカー茉秋

柔道女子70kg級
田知本 遥

バドミントン女子ダブルス
髙橋礼華　松友美佐紀

銀 8個

陸上競技男子4×100mリレー
山縣亮太　飯塚翔太　桐生祥秀　ケンブリッジ飛鳥

競泳男子200mバタフライ
坂井聖人

競泳男子200m個人メドレー
萩野公介

2016年　リオデジャネイロオリンピック

レスリング
男子フリースタイル57kg級
樋口 黎

レスリング男子グレコローマンスタイル59kg級
太田 忍

レスリング
女子フリースタイル53kg級
吉田沙保里

卓球男子団体
水谷 隼　丹羽孝希　吉村真晴

柔道男子100kg超級
原沢久喜

銅
21個

陸上競技男子50km競歩
荒井広宙

競泳男子400m個人メドレー
瀬戸大也

競泳男子4×200mリレー
松田丈志　小堀勇氣　江原騎士　萩野公介

競泳女子200mバタフライ
星 奈津美

シンクロナイズドスイミングチーム
日本チーム

シンクロナイズドスイミングデュエット
三井梨紗子　乾 友紀子

テニス男子シングルス
錦織 圭

体操男子種目別跳馬
白井健三

ウエイトリフティング
女子48kg級
三宅宏実

卓球男子シングルス
水谷 隼

卓球女子団体
福原 愛　石川佳純　伊藤美誠

柔道男子60kg級
髙藤直寿

柔道男子66kg級
海老沼 匡

柔道男子81kg級
永瀬貴規

柔道男子100kg級
羽賀龍之介

柔道女子48kg級
近藤亜美

柔道女子52kg級
中村美里

柔道女子57kg級
松本 薫

柔道女子78kg超級
山部佳苗

バドミントン女子シングルス
奥原希望

カヌースラローム男子カナディアンシングル
羽根田卓也

合計41個

● 第15回パラリンピック 2016年　ブラジル

リオデジャネイロ大会

金 0
銀 10
銅 14

開催期間：2016年9月7日～18日
参加国（地域）数：160
参加選手数：4,316人
日本の参加選手数：132人
実施競技数：22
実施種目数：528

オリンピックと同様、パラリンピックにも難民選手団が参加した。だが、ドーピングの問題があったにもかかわらず200人以上のロシア選手が参加できたオリンピックとちがい、パラリンピックではロシアの全選手が出場禁止となった。日本勢は金メダルこそなかったが、24個のメダルを獲得する活躍。日本では初めて、障がい者のための手話通訳や字幕をのせてリアルタイムで実況や解説をおこなう「ユニバーサル放送」がNHKのEテレで実施され、健常者にも障がい者にもわかりやすいパラリンピック中継が実現した。

開会式ではカラフルなパラソルで大きなブラジル国旗がえがかれた。

柔道で4人がメダル

視覚障がい者が戦う柔道。アテネ大会で銀メダルを獲得してから2大会続けてメダルに届かず、最後の挑戦でこの大会に出場した男子60kg級の廣瀬誠がふたたび銀メダルに輝いた。男子ではこのほか66kg級で藤本聡が、100kg超級で正木健人が銅メダルを獲得。女子では57kg級で廣瀬順子が銅メダルを獲得した。パラリンピックの柔道で日本女子選手がメダルをとったのはこれが初めてだった。

この大会のメダル第1号は廣瀬誠。

3位決定戦一本勝ちで銅メダルを獲得した廣瀬順子。

41歳のベテラン柔道家藤本も銅メダル。

正木の3位決定戦は得意の払い腰で一本勝ち。

2016年 リオデジャネイロパラリンピック

陸上競技で7個のメダル

初出場の佐藤友祈が男子400m（車いす）、1500m（車いす）の2種目で銀メダルを獲得した。21歳のときに脊髄炎をわずらって両足と左手に障がいをおってから、わずか4年後の快挙だった。片足義足の山本篤は男子走り幅跳びで、2大会ぶりとなる銀メダルを獲得した。道下美里は、女子マラソン（視覚障害）で3時間6分52秒のタイムを出し銀メダルに輝いた。男子マラソン（視覚障害）は岡村正広が銅メダル。女子400mでは片腕が義手の辻沙絵が銅メダルを獲得、また男子4×100mリレー（切断など）では、芦田創、佐藤圭太、多川知希、山本篤のチームが銅メダルを獲得した。

山本、走り幅跳びは6m62の跳躍で銀メダル。

男子4×100mリレーチーム。左から芦田、佐藤、多川、山本。

笑顔でフィニッシュした道下。

1年半前にハンドボールから陸上競技に転向した辻。

46歳の岡村は男子マラソン銅メダル。

銀メダルを2個獲得した佐藤。

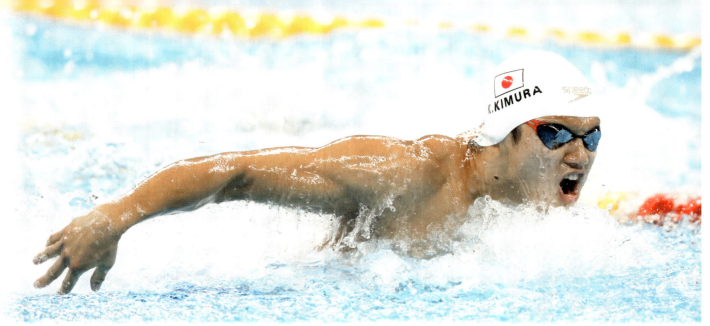

銀2個、銅2個の活躍をみせた木村。

1人でメダル4個の大活躍

　3大会連続出場の木村敬一が、男子競泳（視覚障害）の50m自由形と100mバタフライで銀、100m平泳ぎと100m自由形で銅、合計メダル4個の活躍をみせた。木村は2歳で全盲になり、小学校4年生で水泳をはじめると早くから才能を発揮し、前回大会では銀メダルと銅メダルを獲得していた。

　2004年アテネ大会に日本選手史上最年少の13歳で出場して注目された山田拓朗は50m自由形（運動機能障害）で、4大会目の挑戦で初メダルとなる銅メダルを獲得した。また男子100m背泳ぎ（知的障害）では津川拓也が銅メダル、男子200m個人メドレー（知的障害）では17歳の中島啓智が銅メダルに輝いた。

津川はパラリンピック2度目の出場で初めてのメダル獲得。

中島はパラリンピック初出場で銅メダルを獲得。

知ってる？　音の鳴るメダル、初登場！

　この大会のメダルには、パラリンピック史上初めてのしかけがほどこされた。メダルの中に金属球を入れ、振ると音が鳴るしかけだ。金メダルには28個、銀には20個、銅には16個。球の数のちがいによって音も変わるので、みなくても音でメダルの色を知ることができる。今大会、会場や選手村は、選手たちがうれしそうに振るメダルのすずやかな音であふれていた。

山田の自由形の成績は、2004年は予選敗退、2008年100m5位、2012年50m4位、そして2016年に50mで銅メダル。

2016年　リオデジャネイロパラリンピック

国枝（右）・齋田組は3位決定戦で日本の三木・眞田組とあたり、6-3、6-4で破って銅メダルを獲得。

上地結衣は3位決定戦でオランダの選手にストレート勝ち。

車いすテニスのスター、国枝・齋田と上地がメダル獲得

アジア人初の世界ランク1位、男子車いすテニス初の100連勝達成など輝かしい実績で世界の車いすテニス界のトップに君臨しつづけた国枝慎吾は、3連覇をねらったシングルスではベスト8におわったが、齋田悟司とのダブルスで銅メダルを獲得した。女子車いすテニス界世界最年少で年間グランドスラム（ダブルス）を達成し世界ランク1位になるなど、こちらも若くして世界のトップで活躍中の22歳の上地結衣は、2度目のパラリンピックで女子シングルスの銅メダルを獲得した。

ウィルチェアーラグビー、4大会目の初メダル

正式種目となったアテネ大会から8位、7位、4位と大会ごとに順位を上げてきた日本チームが、ついに銅メダルを獲得した。キャプテン池透暢、エース池崎大輔を中心とするメンバーが、強豪アメリカやオーストラリアなどと僅差の激戦を重ね、3位決定戦ではウィルチェアーラグビー発祥国カナダとの死闘のすえ2ポイント差の勝利で悲願のメダルをつかんだ。

パワーとスピードがある日本のエース池崎。

4年後に金メダルをめざすキャプテンの池。

うしろが鹿沼。前はコースどりを担当するパイロットの田中まい。

自転車でメダル2つ

自転車女子タンデム個人ロードタイムトライアルで、視覚障がいをもつ鹿沼由理恵が銀メダルを獲得した。もとはクロスカントリースキーの選手で、冬季バンクーバー大会にも出場したが、ケガで競技を断念。しかしスポーツをあきらめず自転車競技に転向し、みごとに花をさかせた。男子個人ロードタイムトライアルでは、両足ひざ下義足の藤田征樹が銀メダル。北京大会でメダルを3つ、ロンドン大会でもメダルを1つ獲得した実力者が、3大会連続メダルを達成した。

藤田はパラリンピックに3度出場。メダルは5個目。

ボッチャで日本初のメダル

初出場の北京大会で予選敗退、ロンドン大会では7位。そして今大会、日本は男女混合でおこなわれたチーム（脳性まひ）で初めてのメダルとなる銀メダルを獲得した。決勝では世界ランキング1位のタイに逆転負け。だが「勝てない相手ではない」と頂上への手ごたえを感じた大会となった。

ボッチャで初のメダル獲得は快挙。

2016年 リオデジャネイロパラリンピック

日本のメダリスト

銀 10個

陸上競技男子400m（車いすT52）
佐藤友祈

陸上競技男子1500m（車いすT52）
佐藤友祈

陸上競技男子走り幅跳び（切断などT42）
山本 篤

陸上競技女子マラソン（視覚障害）
道下美里

競泳男子50m自由形（視覚障害S11）
木村敬一

競泳男子100mバタフライ（視覚障害S11）
木村敬一

自転車男子個人ロードタイムトライアル（運動機能障害C3）
藤田征樹

自転車女子タンデム個人ロードタイムトライアル（視覚障害）
鹿沼由理恵（右）

柔道男子60kg級（視覚障害）
廣瀬 誠

ボッチャチーム（脳性まひ）
藤井友里子　廣錫隆喜
木谷隆行　杉村英孝

銅 14個

陸上競技男子4×100mリレー（切断など）
山本 篤　多川知希　佐藤圭太　芦田 創

陸上競技男子マラソン（視覚障害）
岡村正広

陸上競技女子400m（切断などT47）
辻 沙絵

競泳男子50m自由形（運動機能障害S9）
山田拓朗

競泳男子100m自由形（視覚障害S11）
木村敬一

競泳男子100m背泳ぎ（知的障害）
津川拓也

競泳男子100m平泳ぎ（視覚障害SB11）
木村敬一

競泳男子200m個人メドレー（知的障害）
中島啓智

車いすテニス女子シングルス
上地結衣

車いすテニス男子ダブルス
齋田悟司　国枝慎吾

柔道男子66kg級（視覚障害）
藤本 聰

柔道男子100kg超級（視覚障害）
正木健人

柔道女子57kg級（視覚障害）
廣瀬順子

ウィルチェアーラグビー
日本チーム

合計24個

2020年 東京オリンピック・パラリンピックがやってくる！

　58年ぶりとなる、東京が舞台のオリンピック・パラリンピック。同じ都市でオリンピックが複数回おこなわれるのはめずらしくないが、オリンピックとパラリンピックの両方が同一都市で2回目に開催となるのは2020年東京大会が初めてだ。

　オリンピックの追加競技は、日本と縁の深い野球・ソフトボール、空手のほか、スケートボード、スポーツクライミング、サーフィンの5競技。

　パラリンピックの追加競技は、バドミントンとテコンドーの2つだ。

2016年9月におこなわれたオリンピック・パラリンピックのフラッグ掲揚式。

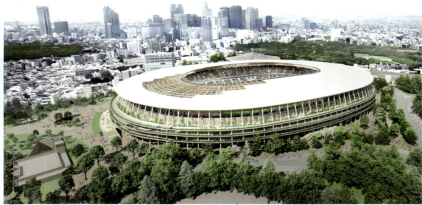
新国立競技場の完成イメージ。（大成建設・梓設計・隈研吾建築都市設計事務所共同企業体）

オリンピックの柔道と空手、パラリンピックの柔道がおこなわれる日本武道館。

　2020年7月24日に新国立競技場でおこなわれるオリンピック開会式を皮切りに、1か月半にわたって、東京を中心としたエリアでオリンピックとパラリンピック合わせて55競技がくりひろげられる。

　「すべての人が自己ベストを目指し」、「一人ひとりが互いを認め合い」、「そして、未来につなげよう」が大会コンセプト。世界中の人びとを最高の「おもてなし」で歓迎し、わたしたち自身もおおいに楽しんで大会をもりあげよう。

2020年東京オリンピックの新競技

空手の組手。男女とも体重別の5階級でおこなわれる。

空手の形の演武。

空手

「組手競技」と「形競技」の2種目がおこなわれる。「組手競技」は、「突き」や「蹴り」を相手のきめられた部位に向かってくりだすが、相手の体の数ミリ手前で止めるために相手の体に当たることはない。どちらが先に技をきめることができるかでポイントがあらそわれる。男女それぞれ体重別に5つの階級でおこなわれる。「形競技」は、2人の選手がそれぞれ1人ずつ「突き」「蹴り」をとりいれた演武をおこない、そのスピードと形の美しさなどをきそう。

スポーツクライミング

「ホールド」とよばれる突起をたよりに壁をのぼる競技。「リード」「ボルダリング」「スピード」の3種目の合計点で順位をあらそう。

「リード」は、12mをこえる高さの壁に設定されたコースをのぼり、制限時間内にどこまで高くのぼれるかをきそう、持久力がカギとなる種目。「ボルダリング」は、高さ5m以下の壁に設置されたコースを制限時間内にいくつのぼれるかをきそう。複数の壁を短時間で攻略する頭脳が試される。「スピード」は、同じ条件の壁をのぼる速さをコンマ何秒まできそう種目で、瞬発力が重要となる。

筋力やスピードだけでなくコースの攻略方法を考える力も必要なスポーツクライミング。

サーフィン

サーフボードにのって波をのりこなしながらさまざまな技をくりだし、審査員の採点によって得点がきまる競技。波の上を滑るスピードとパワー、技の難易度や新しさ、技の組みあわせやつなぎの美しさなどによって得点が変わる。競技時間内に何度かパフォーマンスをおこなったうち、高得点だった2本の合計で順位があらそわれる。

海でおこなう競技のため、時によってちがう波のコンディションにどう順応するかが重要となる。また、よい波にのるための選手同士のかけひきも見どころだ。

スピード、パワーと美しさが採点されるサーフィン。

スケートボード

街中を滑っているようなコースできそわれるストリート。

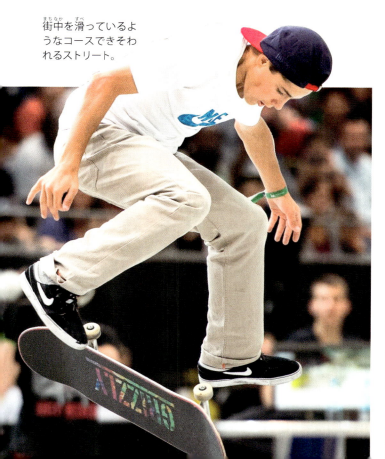

「パーク」と「ストリート」の2種目がおこなわれる。「パーク」は、湾曲した滑走面を複雑に組みあわせたコンビプールとよばれるコースを使い、「ストリート」は、街なかの階段や縁石、手すりや斜面などに見立てたコースを使う。パークではスピードにのって空中に飛びだしておこなう回転技、「ストリート」ではスケートボードを細かく駆使した技が見どころ。

どちらの種目も、技の難易度や組みあわせ方、成功率、スピード、オリジナリティなどが採点要素となる。

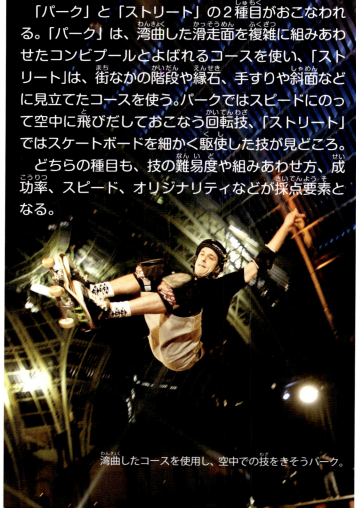

湾曲したコースを使用し、空中での技をきそうパーク。

2020年東京オリンピックの新競技

日本ではなじみの深い野球。世界の頂点をめざしてほしい。

野球（男子）

　1992年バルセロナ大会から正式競技として5大会実施され、2008年北京大会を最後にとだえていた野球競技が3大会ぶりに復活する。日本は過去に3大会でメダルを獲得しており、2020年にもメダルが期待される。

　ルールは、9人（指名打者制では10人）ずつの2つのチームがバットやグラブなどを使って攻撃と守備を交代しながらおこない、9回終了時により多く得点しているチームが勝ちだ。9回終了時に同点なら延長戦がおこなわれる。

ソフトボール（女子）

　1996年アトランタ大会で正式競技となり、2008年北京大会まで4大会実施され、3大会ぶりにオリンピック競技としてもどってくるソフトボール。日本は2000年シドニー大会で銀、続くアテネ大会では銅、北京大会では金メダルに輝いている。

　ルールは野球とほぼ同じで、9人または10人ずつの2チームでおこなうが、7回で試合終了となること、野球にくらべてフィールドが小さいこと、投手は必ず下手投げで投げることなどが野球とはちがう。

3大会ぶりの金メダルを期待したい、ソフトボール。

2020年東京パラリンピックの新競技

バドミントン

　2020年東京大会のカテゴリー、ルールはこれからきまるが、一般的にルールはオリンピックのバドミントンとほぼ同じで、1ゲーム21点マッチ形式で先に2ゲームをとった選手の勝ち。障がいに応じて「立位上肢」、「立位下肢」、「車いす」の3つのカテゴリーに分かれており、障がいの程度でクラス分けがされている。

立位のバドミントン。ルールはオリンピックなどとほぼ同じ。

車いすのバドミントン。シングルスはコートのサイズが変わる予定。

テコンドー

　足を使って攻撃をおこなう、韓国の武術。ヘッドギアや胴（ボディ）プロテクターなどを着用して1対1で戦い、胴に蹴りが入れば1点、回転技が入ると3点。オリンピックでは、2000年シドニー大会で初めて正式競技となり、そこで岡本依子が銅メダルを獲得したことで一気に日本国内で知られるようになった。

足を使って相手の頭以外を攻撃する。

2020年東京大会エンブレム　制作：野老朝雄氏

東京オリンピックエンブレム。

東京パラリンピックエンブレム。

日本では江戸時代に「市松模様」として広まった、四角形を組みあわせた模様を日本の伝統色である藍色でえがいたデザイン。

3種類のことなる四角形の組みあわせは、「みんなちがうから、おもしろい。みんなちがうけれど、つながれる。互いに認め合い、支え合いながら、ひとつになる」ことをあらわしている。

オリンピック、パラリンピックのふたつのエンブレムに使われている四角形は、同じかたちが同じ数だけあり、向きもかわらない。これは、障がいの有無をこえて、あらゆる壁をのりこえて、人と人がつながることを表現している。

2018〜2022年はアジアのオリンピック・パラリンピックの年

平昌オリンピック。

平昌パラリンピック。

北京オリンピック。

2018年は平昌（韓国）で冬季オリンピック・パラリンピックが開催。その2年後の2020年は東京大会。そしてそのわずか2年後の2022年には、北京（中国）で冬季オリンピック・パラリンピックが開催される。4年間に、アジアで連続してオリンピックが3回も続くことは、いままでになかった。そのため、日本と中国、韓国は「スポーツを通じて平和共存のため努力する」という「平昌宣言」を採択した。さらに、遠くない未来に札幌に冬季オリンピックがやってくるかもしれない。

写真で見る　オリンピック大百科6
さくいん
2014年冬季ソチ～2016年リオデジャネイロ

● 人 名 ●

あ
浅田真央 …………………………… 5
芦田創 ………………………… 35、39
荒井広宙 ……………………… 21、33
飯塚翔太 ……………………… 21、32
池崎大輔 …………………………… 37
池透暢 …………………………… 37
石川佳純 ……………………… 31、33
伊調馨 ………………………… 26、32
伊藤亜由子 ………………………… 13
伊東大貴 ……………………… 7、13
伊藤美誠 ……………………… 31、33
乾友紀子 ……………………… 20、33
井村雅代 …………………………… 20
上村愛子 …………………………… 11
内村航平 ……………………… 22、32
内山由綺 …………………………… 23
江原騎士 ……………………… 20、33
海老沼匡 ……………………… 28、33
太田忍 ………………………… 27、33
太田渉子 …………………………… 16
大野将平 ……………………… 28、32
小笠原歩 …………………………… 11
岡田良菜 …………………………… 9
岡村正広 ……………………… 35、39
奥原希望 ……………………… 23、33
押切美沙紀 ………………………… 12
小野塚彩那 …………………… 11、13
小野寺佳歩 ………………………… 11

か
葛西紀明 …………………… 6、7、13
加藤条治 …………………………… 12
加藤凌平 …………………………… 32
角野友基 …………………………… 9
鹿沼由理恵 …………………… 38、39
金藤理恵 ……………………… 19、32
狩野亮 ………………… 14、15、16
ガファロフ, アントン ……………… 10
上地結衣 ……………………… 37、39

か（右列）
川井梨紗子 …………………… 27、32
菊池彩花 …………………………… 12
木谷隆行 …………………………… 39
木村敬一 ……………………… 36、39
桐生祥秀 ……………………… 21、32
国枝慎吾 ……………………… 37、39
久保恒造 ……………………… 15、16
倉嶋洋介 …………………………… 30
ケンブリッジ飛鳥 …………… 21、32
小平奈緒 …………………………… 12
小堀勇氣 ……………………… 20、33
近藤亜美 ……………………… 29、33

さ
齋田悟司 ……………………… 37、39
坂井聖人 ……………………… 19、32
坂下里士 …………………………… 13
佐藤圭太 ……………………… 35、39
佐藤友祈 ……………………… 35、39
清水礼留飛 …………………… 7、13
白井健三 ………………… 22、32、33
杉原愛子 …………………………… 23
杉村英孝 …………………………… 39
鈴木明子 …………………………… 5
鈴木猛史 ……………………… 15、16
瀬戸大也 ……………………… 19、33

た
髙木菜那 …………………………… 12
髙藤直寿 ……………………… 28、33
髙梨沙羅 …………………………… 6
髙橋礼華 ……………………… 23、32
髙橋大輔 …………………………… 5
多川知希 ……………………… 35、39
竹内択 ………………………… 7、13
竹内智香 ……………………… 9、13
田知本遥 ……………………… 29、32
田中佑典 …………………………… 32
田畑真紀 …………………………… 12
津川拓也 ……………………… 36、39

つ
辻沙絵 ………………………… 35、39
出来島桃子 ………………………… 16
寺本明日香 ………………………… 23
登坂絵莉 ……………………… 27、32
土性沙羅 ……………………… 27、32

な
永井秀昭 …………………………… 10
長島圭一郎 ………………………… 12
中島啓智 ……………………… 36、39
永瀬貴規 ……………………… 28、33
中村美里 ……………………… 29、33
錦織圭 ………………………… 24、33
新田佳浩 …………………………… 16
丹羽孝希 ……………………… 30、33
野村敏京 …………………………… 25

は
羽賀龍之介 …………………… 28、33
萩野公介 ………… 18、20、32、33
羽生結弦 ……………………… 4、13
羽根田卓也 …………………… 24、33
原沢久喜 ……………………… 28、33
樋口黎 ………………………… 27、33
平岡卓 ………………………… 8、13
平野歩夢 ……………………… 8、13
廣瀬順子 ……………………… 34、39
廣錫隆喜 …………………………… 39
廣瀬誠 ………………………… 34、39
福岡堅樹 …………………………… 25
福原愛 ………………………… 31、33
藤井友里子 ………………………… 39
藤田征樹 ……………………… 38、39
藤本聰 ………………………… 34、39
船山弓枝 …………………………… 11
ベイカー茉秋 ………………… 28、32
ベルニャエフ, オレグ …………… 22
星奈津美 ……………………… 19、33
ボルト, ウサイン …………………… 21

オリンピック大百科 6

ま
正木健人 …………………… 34、39
町田樹 ……………………………… 5
松田丈志 …………………… 20、33
松友美佐紀 ………………… 23、32
松本薫 ……………………… 29、33
水谷隼 ……………………… 30、33
道下美里 …………………… 35、39
三井梨紗子 ………………… 20、33
湊祐介 ……………………………… 10
宮川紗江 …………………………… 23
三宅宏実 …………………… 24、33
村上佳菜子 ………………………… 5
村上茉愛 …………………………… 23
森井大輝 …………………… 14、16

や・わ
山縣亮太 …………………… 21、32
山口茜 ……………………………… 23
山口真理恵 ………………………… 25
山田拓朗 …………………… 36、39
山部佳苗 …………………… 29、33
山室光史 …………………………… 32
山本篤 ……………………… 35、39
吉田沙保里 ………………… 26、33
吉田知那美 ………………………… 11
吉村真晴 …………………… 30、33
ワズワース, ジャスティン ……… 10
渡部暁斗 …………………… 10、13
渡部善斗 …………………………… 10

● その他 ●

あ
アルペンスキー …… 14、15、16、17
ウィルチェアーラグビー …… 37、39
ウエイトリフティング ……… 24、33
エンブレム ………………………… 45
オランダ …………………………… 13

か
カーリング ………………… 11、17
カヌー ……………………… 24、33
空手 ………………………………… 41
競泳（オリンピック）… 18、19、20、32、33
競泳（パラリンピック）……… 36、39
競歩 ………………………… 21、33
車いすテニス ……………… 37、39
クロスカントリー(オリンピック) … 10
クロスカントリー(パラリンピック) … 16
ゴルフ ……………………………… 25

さ
サーフィン ………………………… 42
自転車 ……………………… 38、39
ジャンプ …………………… 6、7、13
柔道（オリンピック）… 28、29、32、33

柔道（パラリンピック） ……… 34、39
ショートトラック ………………… 13
シンクロナイズドスイミング … 20、33
スケートボード …………………… 42
スノーボード(オリンピック)…… 8、9、13、17
スノーボード（パラリンピック）…… 17
スピードスケート ………… 12、17
スポーツクライミング …………… 41
ソチ大会（オリンピック） ………… 4
ソチ大会（パラリンピック） ……… 14
ソフトボール ……………………… 43

た
体操 ……………… 22、23、32、33
卓球 …………………… 30、31、33
テコンドー ………………………… 44
テニス ……………………… 24、33

な
難民選手団 ………………… 18、34
2020年東京オリンピック・パラリンピック … 40
ノルディック競技 ………………… 16
ノルディック複合 ………… 10、13

は
バイアスロン ……………… 15、16
バドミントン（オリンピック）…… 23、32、33
バドミントン（パラリンピック）… 44
平昌オリンピック ………… 17、45
平昌パラリンピック ……… 17、45
フィギュアスケート ……… 4、5、13
フリースタイル …………… 11、13
ボッチャ …………………… 38、39

ま・や・ら
マスコット ………………………… 17
モーグル …………………………… 11
野球 ………………………………… 43
ラグビー …………………………… 25
リオデジャネイロ大会（オリンピック） …… 18
リオデジャネイロ大会（パラリンピック） …… 34
陸上競技（オリンピック） …… 21、32、33
陸上競技（パラリンピック） … 35、39
レスリング ………… 26、27、32、33

監修
舛本 直文（ますもと なおふみ）
首都大学東京　オープンユニバーシティ
特任教授

1950年広島県生まれ。広島大学卒、東京教育大学大学院修了。筑波大学、東京都立大学を経て、2007年より首都大学東京教授。NPO法人日本オリンピック・アカデミー理事・研究委員会委員長。専門はスポーツ哲学、スポーツ映像文化学、オリンピック研究。著書に『スポーツ映像のエピステーメー』（新評論、2000年）、訳著に『オリンピックのすべて』（大修館書店、2008年）などがある。

写真で見る
オリンピック大百科 ⑥
2014年冬季ソチ
〜2016年リオデジャネイロ

監　　修	舛本直文
編集協力	株式会社ジャニス
文	大野益弘　高橋玲美
写　　真	フォート・キシモト
	クリエイティブ・コモンズ
デザイン	チャダル108

2017年4月　第1刷　©

発行者／長谷川 均
編　　集／堀 創志郎
発行所／株式会社ポプラ社
　　　　〒160-8565　東京都新宿区大京町22-1
　　　　電話　（営業）03-3357-2212
　　　　　　　（編集）03-3357-2635
　　　　振替　00140-3-149271
　　　　ホームページ　http://www.poplar.co.jp
印刷・製本／瞬報社写真印刷株式会社

ISBN978-4-591-15391-8　N.D.C.780 ／ 47P ／ 29cm
Printed in Japan

落丁・乱丁本は送料小社負担でお取り替えいたします。
小社製作部宛にご連絡下さい。電話0120-666-553
受付時間は月〜金曜日、9：00 〜 17：00(祝祭日は除く)
みなさんのおたよりをお待ちしております。おたよりは編集部から制作者へおわたしいたします。

本書のコピー、スキャン、デジタル化等の無断複製は著作権法上での例外を除き禁じられています。本書を代行業者等の第三者に依頼してスキャンやデジタル化することは、たとえ個人や家庭内での利用であっても著作権法上認められておりません。

写真が満載、オールカラーでオリンピック・パラリンピックを大紹介!
日本のオリンピックメダリスト、写真入りで全掲載!!

写真で見る

オリンピック

大百科

全7巻

1 オリンピックってなに？

2 1896年アテネ〜1964年冬季インスブルック

3 1964年東京〜1980年モスクワ

4 1984年冬季サラエボ〜1998年冬季長野

5 2000年シドニー〜2012年ロンドン

6 2014年冬季ソチ〜2016年リオデジャネイロ

別巻 パラリンピックってなに？

A4変型判
各55ページ
（6巻のみ47ページ）

小学高学年〜中学生向
図書館用特別堅牢製本
N.D.C.780（スポーツ）

オリンピック夏季大会

開催年	回	開催都市	国
1896年	1	アテネ	ギリシャ
1900年	2	パリ	フランス
1904年	3	セントルイス	アメリカ
1908年	4	ロンドン	イギリス
1912年	5	ストックホルム	スウェーデン
1916年	6	ベルリン（中止）	ドイツ
1920年	7	アントワープ	ベルギー
1924年	8	パリ	フランス
1928年	9	アムステルダム	オランダ
1932年	10	ロサンゼルス	アメリカ
1936年	11	ベルリン	ドイツ
1940年	12	東京（返上）	日本
1940年	12	ヘルシンキ（中止）	フィンランド
1944年	13	ロンドン（中止）	イギリス
1948年	14	ロンドン	イギリス
1952年	15	ヘルシンキ	フィンランド
1956年	16	メルボルン	オーストラリア
1960年	17	ローマ	イタリア
1964年	18	東京	日本
1968年	19	メキシコシティー	メキシコ
1972年	20	ミュンヘン	西ドイツ（現在のドイツ）
1976年	21	モントリオール	カナダ
1980年	22	モスクワ	ソ連（現在のロシア）
1984年	23	ロサンゼルス	アメリカ
1988年	24	ソウル	韓国
1992年	25	バルセロナ	スペイン
1996年	26	アトランタ	アメリカ
2000年	27	シドニー	オーストラリア
2004年	28	アテネ	ギリシャ
2008年	29	北京	中国
2012年	30	ロンドン	イギリス
2016年	31	リオデジャネイロ	ブラジル
2020年	32	東京	日本

オリンピック冬季大会

開催年	回	開催都市	国
1924年	1	シャモニー・モンブラン	フランス
1928年	2	サン・モリッツ	スイス
1932年	3	レークプラシッド	アメリカ
1936年	4	ガルミッシュ・パルテンキルヘン	ドイツ
1948年	5	サン・モリッツ	スイス
1952年	6	オスロ	ノルウェー
1956年	7	コルチナ・ダンペッツオ	イタリア
1960年	8	スコー・バレー	アメリカ
1964年	9	インスブルック	オーストリア
1968年	10	グルノーブル	フランス
1972年	11	札幌	日本
1976年	12	インスブルック	オーストリア
1980年	13	レークプラシッド	アメリカ
1984年	14	サラエボ	ユーゴスラビア（現在のボスニア・ヘルツェゴビナ）
1988年	15	カルガリー	カナダ
1992年	16	アルベールビル	フランス
1994年	17	リレハンメル	ノルウェー
1998年	18	長野	日本
2002年	19	ソルトレークシティー	アメリカ
2006年	20	トリノ	イタリア
2010年	21	バンクーバー	カナダ
2014年	22	ソチ	ロシア
2018年	23	平昌	韓国
2022年	24	北京	中国